Izhaar Bhi - Intezaar Bhi

Venus Pannu Brar

I wrote these poems some 20 years ago, and
they have been hiding in the pages of an old
diary, shuffling between boxes and cupboards
till now. I would like to thus dedicate this book
to a version of Venus that existed 20 years ago;

जिसने कुछ दर्द सहे, दिल पे कुछ ज़ख्म खाए,

जिनकी बदौलत, ये अलफ़ाज़ वजूद में आए।

ACKNOWLEDGEMENT

As I stand on the threshold of sharing this collection with the world, first and foremost, I extend my gratitude to my family, who supported and encouraged me and have guided me through my dark times.

I am grateful to all those established poets, whose writings inspired and motivated me to understand my own thoughts and whose artistry guided me to pen my own feelings.

Thanks to all those friends who endured and appreciated my recitations.

And lastly, but certainly, not least, I extend my deepest appreciation to those dreams and wishes, which never got realised and the likes of which make an undeniable place in everyone's past, however forgettable it can be. I hope these words of mine can provide some hope to a sinking heart.

With Love and gratitude,
Venus Pannu Brar

PREFACE

Each one of us has one corner of our heart
dedicated to some unfulfilled wishes and dreams
and desires that we do not share with the world in
plain words. This collection of poems and songs is
an attempt to bring those feelings to light in a bid
to share the pain of every reader.
With a hope that my words can resonate with your
deepest, hidden and untouched feelings, I present
to you "Izhaar bhi - Intezaar bhi".

उम्मीद है इन पन्नों में आप सबको एक साथी मिले,
के इस राह पे आप अकेले नहीं।
बाँट के आपकी तक़लीफ़, दर्द-ओ-ग़म, शायद रूह
अपनी भी कुछ चैन पा जाए।

आप जैसा

ये मासूम सा चेहरा,
इक अनोखा भोलापन है,
हर कोई नहीं पाता,
अंदाज़ आप जैसा।

रखते हैं वो खूभी,
जो दे हर उदासी को मुस्कान,
कहाँ मिलता है सब में,
मिज़ाज आप जैसा।

मेरी ज़िंदगी के अंधेरों को,
दी मोहब्बत की रोशनी,
सबके पास नहीं होता,
चिराग आप जैसा।

किस्मत पे करें गुमां,
या एहसान माने उस खुदा का,
जो पाया है धरती पे हमने,
आफ़ताब आप जैसा।

इश्क़

इश्क़ के हैं रूप कितने,

वफ़ा है, तो बेवफ़ाई भी,

कभी सुकूं का सागर,

तो कभी ग़म की खाई भी,

इसमें न जाने किसे क्या मिले,

कभी है महफ़िल,

तो कभी तन्हाई भी,

जो है मिलने का सुख,

तो है जुदाई भी,

इश्क़ करने वाले पा जाते हैं जन्नत,

क्योंकि, है ये इबादत,

और उस ख़ुदा की ख़ुदाई भी।

इख़्तयार

इम्तेहां हैं कई अभी मोहब्बत की राह में,
फिर भी बैठे हैं दोनों हाथों से दिल लुटाने को,
मोहब्बत का ऐतबार कोई गुनाह तो नहीं ।

हर गुज़रता लम्हा, जब बीते किसी की याद में,
कोई कैसे समझाए, इस दिल दीवाने को,
फिर किसी दिलनशीं का इंतज़ार, कोई गुनाह तो नहीं ।

पल जुदाई के कम होते नहीं दिखते,
लोग कहते हैं जीना, मेरे हर पल मर जाने को,
हमारे दिल-ओ-जान पे उसका इख़्तियार, कोई गुनाह तो नहीं ।

जान

बैठे-बैठे कभी यूँ ही हम, सोचें तो हैरान होते हैं,
कैसे बन जाते हैं दिलनशीं, किसी ज़माने जो अनजान होते हैं ।

कोई समा गया, इतनी गहराई में दिल की, दे रहा वहां से
महोब्बत की सदा,
इल्म नहीं रहता अपनी हालत का,
हम कुछ इस कदर, उल्फ़त में खोये रहते हैं ।

तुम्हे क्यों न चाहें, हम खुद से बढ़ के, खुदा ने इतना प्यारा
बनाया है मेरा सनम,
चाहते हैं तुम्हें पाना हर जनम में,
पर महोब्बत की राह में, इम्तेहाँ कई होते हैं ।

ख्वाब देखने से लगता है डर, कहीं आप आके लौट न जाएँ,
खोना नहीं चाहते आपको ख्वाबों में भी,
हमें नींद न आने के, कुछ ऐसे भी सबब होते हैं ।

सोचें तुम्हें तो खिल उठता है चेहरा, बिखर जाती है लबों पे मुस्कान,

कोई पूछे तो, कहते है सबसे,

के आई है हमे याद उनकी, जिन्हें हम अपनी जान कहते हैं।

नसीब

कोई हो जो दिल के करीब हो, काश वो हमारा नसीब हो,

जिसकी एक झलक को दिल तरसे,
जिसकी आवाज़ सुनने को दिल मचले,
जिसके पास होने के एहसास हवाओं में महके,
जिसे देख के दिल बस यूँ ही बहके,

कोई ऐसा जो दिल के पास हो, रूमानी एहसास हो,
दुनिया में जो हमे सबसे ख़ास हो,

सामने आ जाए, तो धड़कने बढ़ा दे, जिसके लिए दिल हद से गुज़र
जाए,

जिसके छूने का इंतज़ार हर पल रहे, जिसे आँखों ही आँखों में हम
सब कहें,

होने से जिसके वक़्त ठहरा सा लगे,
तो कभी यादों पे सदियों का पहरा सा लगे,

चेहरा हो जिसका आईने में दिल के,
ये दिल खिल जाए, एक पल में उनसे मिल के।

धुआं

दिल के चाहने से कुछ भी होता नहीं,
यहाँ किस्मत की बात चलती है,
बनाई थी जो प्यार की तस्वीर हमने,
वो भी अपने रंग बदलती है।

ये तस्वीर थी हमारे ख्वाबों की,
ख्वाहिशों, तम्मंनाओं, कुछ इरादों की,
रंग बदल गए कहने को तस्वीर के,
ख्वाहिशें अब भी यहाँ मचलती हैं।

इश्क़ की सुबह हुई थी धीरे-धीरे,
धीरे-धीरे ही ये प्यार बढ़ा था,
इक पल में इसे भुला नहीं सकते,
इसकी शाम, ढलते-ढलते ही ढलती है।

दिल की दुनिया बनाई थी रोशन,
जलाए थे दिए मोहब्बत के,
कहता है वहां से उठता धुआँ,
उन्हीं चिरागों से ये दुनिया जलती है।

मेहमां

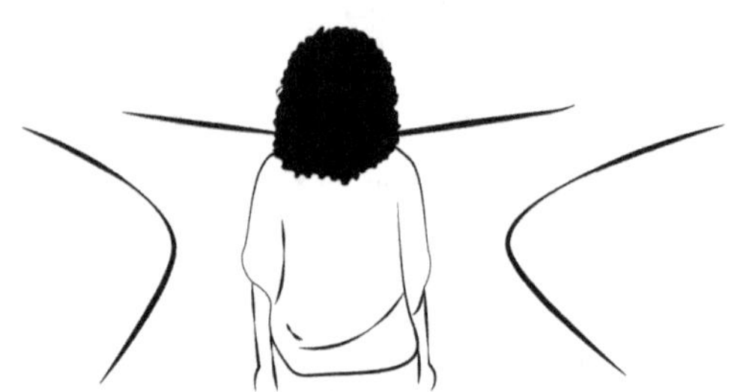

यूँ ही अचानक चलते-चलते, मिल गए कुछ मोड़ जाने पहचाने,
ठहर गए कदम यकायक, कुछ लम्हों को इश्क़ के सफर में,

देखे तुम्हें हो चला था इक अरसा,
आज होते ही सामना फिर से,
डूब से गए हम, बीती यादों के भँवर में।

हैरान से तुम थे, कुछ उलझे हुए,
जहाँ होती थी मोहब्बत,
हमारे लिए कुछ न था, आज उस नज़र में।

हम थे आँखे नम किये ख़ुशी से,
मिल गई थी मनो हमें मस्जिद,
भटकती इस खानाबदोश रहगुज़र में।

न समझना के हमें है ठहरना उम्र भर यहाँ,
तेरी चौखट पे कर के सजदा चले जाएँगे,
मेहमां जो ठहरे, हम तेरे इस शहर में।

उम्र

हवा में जो लहराए आँचल मेरा,
हमें तुम्हारी परछाई सी लगती है,

अब तो महफ़िल में भी हमको,
कभी-कभी तन्हाई सी लगती है,

हमने जो मुद्दत से देखा नहीं उनको,
ये आंखें तो जैसे पथराई सी लगती हैं,

जुदाई के लम्हे, आके ठहर जातें हैं कुछ यूँ,
तुम्हारे बिना मानो, इक उम्र बिताई सी लगती है।

दास्ताँ-ए-मोहब्बत

कभी किसी वक़्त, तनहा समझते हम खुद को, न था कोई
साथी, न कोई हमसफ़र,
अचानक तब दी थी, इस दिल पे किसी ने दस्तक,
आँखों के रस्ते, कोई दिल में गया था उतर,

हम न समझे थे दिल की बात,
पर अब तो नींद भी आती तो उसी का ख्वाब लेकर,
यार दोस्त सब कहते रहे, के इश्क़ हो गया हमको,
या था ये एक मुलाकात का असर,
ये प्यार बढ़ा धीरे-धीरे, जैसे-जैसे बीते पहर।

पहले न सही, अब ये सोचते हैं हम,
कैसे जियेंगे, हो के तुमसे जुदा सनम।

था जिस बात का डर, हुआ आखिर वही,
चाहा हमें जिसने जुदा करना, वो ज़माना था यही।

पर मोहब्बत कहाँ रुकी किसी के रोके,
किया जुदा जिस्मों को,
दिल और रूह तो रह गए आप ही के हो के,

न जाने इस दुनिया के आगे क्या है,
यहाँ से जाके कहाँ रहेंगे,
किसी भी जहाँ में, कहीं भी जाएँ,
दिल में मोहब्बत का दिया जलाये,
हम आपसे मिलने का इंतज़ार करेंगे।

ए ज़माने, सुन ले तू, समझ ले,
करके दो प्यार करने वालों को जुदा, न उनकी बद्दुआ ले।
मोहब्बत का तो रहा है खुदा भी हाफ़िज़,
फिर क्यों तोड़े तू मासूम दिलों को,
इश्क़ करने वालो से सीख लो प्यार करना तुम भी,
और महका दो ख़ुशी से, इस ज़ालिम दुनिया को।

ग़म

ता-उम्र एक काम होगा उन्हें चाहने का, आलम-ए-रुखसत चाहे
हो, लबों पे उनका ही नाम होगा ।
इस ग़में हालत का शिकवा किसी से कैसे करें, जब उसका दिया
दर्द हमारे सर-आँखों पे होगा ।
सिर्फ हम ही न जलेंगे इस महोब्बत की आग में,
हमें खोने का एहसास लिए, संग इस आग में तू भी होगा ।

सोचेगा कभी तन्हाई में हमको, चाहेगा पछताना अपनी
गलतियों पर,
अफ़सोस, ये भी न होगा तुमसे, क्यूंकि, खुद तेरा तेरे दिल पे
कोई बस न होगा ।

कहेगा दिल, चलें वहीं, जहाँ राहें बदल गईं,
पर गुज़रे वक़्त को बदलना मुमकिन न होगा ।

तन्हाई में तो कभी नहीं,
आज महफ़िल में कैसे आई हमारी याद,
चाहेगा मिलना, ढूंढेगा कोई मौका,
पर जब न होंगे हम,
तब तेरे लिए कोई मौका भी न होगा ।

शायद

ज़िंदगी के सफर में हमसफ़र, कौन जाने कहाँ मिले,
ये तो एक मेला हैं जहाँ, ख़ुशी के साथ ग़म मिले,

आज मिले तो चाहा कर लें पूरी दिल की सब हसरतें, कौन जाने
इस तरह मिलने का मौका फिर मिले के नहीं,
क्यूंकि खाई थी ता-उम्र साथ चलने की कसम जिसने,
देखा हमने, वो दो कदम भी साथ न चले ।

हमने तो अपनी साँसे लिख दी थी तुम्हारे नाम, तुम अपनी
ज़िंदगी में वो जगह हमें न दे सके,
इस कदर तोड़ा मेरा प्यार भरा दिल,
हमने सोचा न था जितना, तुम उतने बेरहम निकले ।

छोड़ के हमारा साथ, थाम रहे हो किसी और का हाथ,
एक बार तो सोचते, हमने तुम्हें खुद से ज़्यादा चाहा है,
कोई दुखाता था दिल, तो तुमसे शिकायत करते थे,
अब सोचते हैं, किस से करेंगे, तुमसे जुड़े गिले ।

खुश तो बहुत होंगे, किसी और का साथ पाके, या कहें के खुश
हो अपना दामन हमसे छुड़ा के,
चाहोगे तुम उसे जितना भी सनम, पर तुम्हें हमसे ज़्यादा चाहने
वाला, इस दुनिया में शायद ही मिले ।

कोई और

था हमारे पास भी दिल कभी, ज़माने हुए, हमने किसी और के
नाम लिख दिया,
आज टूटा सा महसूस होता है उसके जिस्म में,
कुछ पता नहीं क्या हादसा हुआ होगा।

जहाँ टूटा वो अपना घर था उसका, रखने वाले ने बड़ी शिद्दत से
चाहा था कभी,
गलती से टूटा, या तोड़ा जानबूझ के,
दिल उसके पास था, लाज़मी है दर्द उसे भी हुआ होगा।

लेकर हमारा किसी ने दिया था अपना भी दिल, शायद आज
वापिस चाहता है,
थाम रहा है जो किसी और का हाथ ज़ालिम,
लेकर उसका दिल, इन्हे अपना दिल भी देना होगा।

हमने तो हमराज़ माना था किसी को उम्र भर के लिए, वो बदलते
हैं शायद वक़्त के साथ हमसफ़र,
एक बार दिया, तो हमसे टूटा दिल भी वापिस न लिया गया,
क्यूंकि हमारी थी ज़िंदगी, उनके लिए शायद सौदा रहा होगा।

हमारा तो रहा नहीं कुछ इस जहाँ में, साँसे चलेंगी तो बीती यादों
क दम पे,
शिकवा करें भी तो किस से, हम अकेले तो नहीं,
मोहब्बत में घायल, हमसे पहले, कोई और भी हुआ होगा।

फ़रियाद

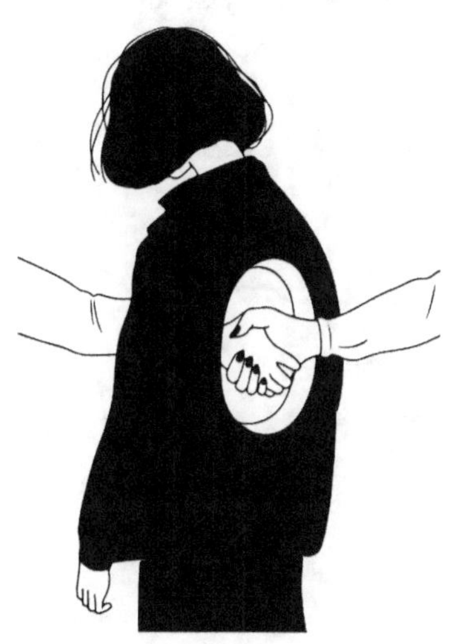

ए खुदा, तेरी चौखट पे बैठे थे, कब से इक फरियाद लिए,
कुछ न देता तो सब्र करते, फिर क्यों दामन में ग़म दिए ।

सब कुछ कर के किसी के नाम, हो गए हम ख़ाली हाथ,
न गुज़रे जहाँ से वो ख्वाबों में भी, हमने हर उस रहगुज़र पर
सजदे किये ।

हर किसी का होता है कोई हमसफ़र, हमारा तो सफर ही रह गया
अधूरा,
इल्म नहीं कभी पूरा भी हो, फिर भी है इंतज़ार, दिल में इक
उम्मीद लिए ।

जिसके कहने से दिन, कहने से रात होती थी हमारी, आज हुआ ये,
वो छीन के हमारी साँसे, थामे किसी और का हाथ, हमारे सामने से चल दिए।

पहरा

कोई पूछे कैसे कटते हैं दिन हमारे, ख़ुशी से कहेंगे,
कि आपको सोच के मुस्कुरा देते हैं ।

वो सुन ले दो पल को लफ्ज़ हमारे,
ये बोल बन के गीत,
ख़ुशी से लहरा देते हैं ।

क्या कहियेगा ऐसे मुस्कुराते, लहराते जज़्बात को,
के उनके ख्याल, अब हर वक़्त ज़हन पे हमारे पहरा देते हैं ।

बेवफ़ा

हमने माना था जिसको अपना खुदा,
खो गया वो, तोड़ के दिल मेरा ।

वक़्त आया था कभी वो भी सनम, हर लम्हा पास पास रहते थे,
अपनी बस एक झलक को उसने,
आज कितना हमे है तरसाया,

हमने माना था जिसको अपना खुदा,
खो गया वो, तोड़ के दिल मेरा ।

उसके आने से महक जाते थे, दीवारों-दर हमारे आशियाँ के,
उसके जाने की बात सुन के ही,
बाग़ का हर गुल आज मुरझाया ।

हमने माना था जिसको अपना खुदा,
खो गया वो, तोड़ के दिल मेरा।

आज मुद्दत से उन्हें देखा नहीं, वो तो जैसे हमें भुला बैठे,
दिल को होता नहीं यकीं फिर भी,
हमने हर तरह इसे बहलाया।

हमने माना था जिसको अपना खुदा,
खो गया वो, तोड़ के दिल मेरा।

दौर

लोग कहते हैं, इश्क़ किया कीजिये,
मिल जाये गर कोई इस काबिल,
उसे दिल दे दीजिये,

घबराइए मत, ये तो दस्तूर है,
दिल की लगी का,
के जाग-जाग के कटती रातें हैं,

इश्क़ में कुछ ऐसा हाल होता है,
कि हम हंस के चल देते हैं, क्यूंकि याद आ जाता है वो ज़माना,
जब हमने भी भुला दिया खुद को मोहब्बत में,

पर अब वो, किसी और दौर की बातें हैं।

काश

भटक रहे हैं सब, दर बदर,
कुछ ने खो दिया,
कुछ ने पा लिया,
सुनते हैं, खुदा की रेहमत पाने वालों की अनोखी शान है ।

हमें तलाश थी एक एहसास की,
एक हमसफ़र, किसी ख़ास की,
कहते हैं मोहब्बत में बने दीवानों की, अलग पहचान है ।

काश कोई मिल जाता,
जो ये गुरूर करता,
के हम उसकी और वो हमारी जान है ।

मेरी याद

मेरी याद तेरे ख्यालों से यूँ न जाएगी,
जो जागेंगे हम, तो नींद तुम्हें भी न आएगी,

आई जो नींद, तो ख्वाबों में भी ढूंढोगे हमें,
चाहत हमारी, कुछ इस कदर तुम्हें तड़पायेगी,

सोचते हैं कैसे कहें तुम्हें, क्या बन गए हो तुम मेरे,
सुबह से श्याम, इक ख्याल तुम्हारा रहता है,
आँखें बंद हो या खुली,
ये तस्वीर हमें, तेरी ही दिखाएंगी,

मैं शायर तो नहीं, मगर कोशिश है यही,
मेरी शायरी, कभी तो तुम्हें मेरी याद दिलाएगी ।

कोशिश

ये ज़िंदगी हो रही थी बसर, पता न चला इतने सालों के
जाते-जाते,
आए कभी ऐसे भी मौसम, जब वो हमसे मिलने आते,
फूल तो नहीं, अपनी पलकें बिछाई थी हमने उनकी राह में,
क्यूंकि लगती नहीं देर, इस दुनिया में फूलों को भी कांटे
होते-होते,

वो चाहते न थे देना दगा, पर बस भी न चला उनका वक़्त पर,
कहने को पल बीत गए, पर महफ़ूज़ हैं उनके निशाँ, हमारी रूह
पर,
फिर कैसे कह दें अपने जानशीं को बेवफ़ा,
ये ज़ख्म हमे मिलें हैं, उनसे बावफ़ा होते-होते,

दिन थे कभी मोहब्बत के, जब की इबादत उनकी,
वक़्त आया था वो भी, जो गुज़रा उनका इंतज़ार करके,
वो दिन, दो लम्हे, वो शिकवे-शिकायतों के पल,

नहीं आएंगे कभी लौट के,
फिर भी महकेंगी उनकी यादें हमारी साँसों में, इस दुनिया से
जाते-जाते,

वादा तो नहीं करेंगे, बस कोशिश होगी, आपसे बिछड़ के जीने
की,
आये कभी याद हमारी खुदा से दुआ करना मिलने की,
गर होंगे इस ज़मीं पर तो ज़रूर मिलेंगे,
कुछ कह नहीं सकते, शायद ये साँसे दें जाएँ धोखा, आपसे जुदा
होते-होते ।

गुनाह

इश्क़ दुनिया करती है,
हमने किया तो क्या गुनाह किया?

ज़िंदा रहने को यूँ तो बहुत कुछ चाहिए,
रोटी, कपड़े और मकां के साथ,
हमने जो जीने के लिए दिल लगा लिया,
तो क्या गुनाह किया?

होंगे और भी ग़म ज़माने में,
भुलाने को पीता है हर कोई,
ग़मे इश्क़ भी भुलाना नहीं आसान, हमने जो इक जाम उठा
लिया,
तो क्या गुनाह किया ?

सब के अलग-अलग हैं ख़ुदा, इबादत के ढंग निराले,
जो अपने महबूब को माना ख़ुदा हमने,
तो क्या गुनाह किया ?

यूँ तो इस दुनिया से सब जातें हैं, कभी न आने के लिए,
हम तो ठहरे प्रेम दीवाने, लौट के आने का वादा कर लिया,
तो क्या गुनाह किया?

फूल

कुछ यूँ मशगूल से हैं सब,
ज़िंदगी की कशमकश में,
के जीना तो जैसे भूल ही बैठे हैं,

जिनका थामना था हाथ,
लगाना था जिनसे दिल,
उन्ही से दूरियां क़ुबूल कर बैठे हैं,

कुछ न जाएगा किसी और का,
हम ही रोयेंगे उनकी रुखसती पर,

गुज़र गया जो वक़्त,
होगा मलाल अपनी ही हस्ती पर

तो क्यों न यकीं कर ले, खुशकिस्मती पर अपनी,
के हमारे दामन में कांटे नहीं, सरकार की शक्ल में फूल बैठे हैं।

9 789363 319073